I0163048

Дива води

Автор Софія Грей

Library For All Ltd.

LIBRARY FOR ALL
DIGITAL EDUCATION · FOR THE WORLD

Library For All — це австралійська некомерційна організація, яка має місію зробити знання доступними для будь-кого за допомогою інноваційного цифрового бібліотечного рішення. Відвідай наш сайт libraryforall.org

Дива води

Це видання опубліковано у 2022 році

Опубліковано Library For All Ltd
Електронна пошта: info@libraryforall.org
URL-адреса: libraryforall.org

Цю роботу ліцензовано відповідно до Міжнародної ліцензії Creative Commons Attribution-NonCommercial-NoDerivatives 4.0 (Ліцензія Creative Commons із зазначенням авторства — Некомерційна — Без похідних творів 4.0). Для перегляду копії цієї ліцензії перейдіть за посиланням http://creativecommons.org/licenses/by-nc-nd/4.0/.

Дива води
Грей, Софія
ISBN: 978-1-922849-32-8
SKU02885

Стокові зображення — pexel.com, pxhere.com, pixabay.com, wikimedia.org

Дива води

Привіт! Мене звуть Софія і я обожнюю воду. Воду смачно пити і в ній приємно плавати!

Ми можемо бачити воду
у вигляді різних водойм
і природних явищ.
Сьогодні я вирушаю у
подорож, щоб знайти
деякі з них. По-перше,
я шукаю озера.

Озера — це водойми зі стоячою водою. Вони з усіх боків оточені сушею. У вітряну погоду на поверхні озера можуть утворюватися брижі, але вони не бувають такими ж великими, як хвилі на морі. Коли погода дійсно холодна, озера можуть замерзати та вкриватися льодом.

Лід утворюється тоді, коли вода стає дуже холодною і замерзає. Кубики льоду можна класти у напій.

Далі я бачу річку. Річки наповнені водою, що біжить та впадає у море.

Моря — це ті ж самі океани, але менші за розмірами. Здається, тепер мені хочеться побачити океан. Океан — це надзвичайно велика водойма. Океани мають солону воду і піщані береги.

Океани займають дві третини земної поверхні. Багато підводних створінь, наприклад, риби та акули, мешкають в океанах. Люди можуть плавати в океанах.

Наступна водойма в моєму переліку — скелястий басейн. Скелясті басейни — це загати, що утворюються, коли вода збирається між скелями, як на пляжі. Коли починаються відливи, вода, а також невеликі морські істоти, наприклад риби та краби, залишаються між скелями.

Наступна водойма —
водоспад! Водоспад —
це невелика водойма,
що тече через пороги й
виступи, перетікаючи в
іншу, більшу водойму.
Люди можуть плавати в
цих більших водоймах.

Дощ — це також вода. Дощ дуже важливий для росту рослин. Іноді дощова вода збирається у резервуари, а потім, після закінчення дощу, використовується для споживання або миття. Коли дощ закінчується, він часто лишає по собі калюжі.

Тепер давайте поговоримо про калюжі. Калюжа — це невелике заглиблення, заповнене водою. Ти можеш гратися, бризкатися та стрибати у калюжі. Гратися з калюжами — це весело.

Я щодня використовую воду. В моїй домівці ми носимо воду у відрах, щоб поливати овочі. У відрі вода плескається туди-сюди. Іноді вона хлюпає мені на ноги.

Деякі люди живуть поруч із пляжем і щодня бачать воду.

Деяким людям доводиться долати величезний шлях, щоб забезпечити свою родину водою.

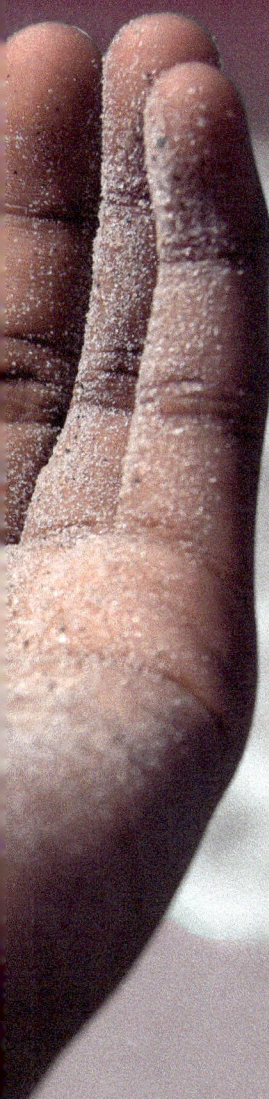

Ти потребуєш води, де б ти не жив!

Скористайся цими запитаннями, щоб обговорити книгу з сім'єю, друзями і вчителями.

Чому тебе навчила ця книга?

Опиши цю книгу одним словом. Смішна? Моторошна? Кольорова? Цікава?

Що ти відчуваєш після прочитання цієї книги?

Яка частина цієї книги найбільше тобі сподобалась?

Завантажуй наш додаток для читання
getlibraryforall.org

Про співавторів

Library For All співпрацює з авторами й ілюстраторами зі всього світу, щоб сприяти створенню різноманітних, актуальних та якісних оповідань для юних читачів.

Відвідай наш сайт libraryforall.org, щоб дізнатися останні новини про письменницькі майстер-класи, рекомендації для подання заявок та інші творчі можливості.

Тобі сподобалась ця книга?

В нас є ще сотні унікальних оповідань, ретельно відібраних фахівцями.

Щоб забезпечити дітей у всьому світі доступом до радості читання, ми тісно співпрацюємо з авторами, педагогами, консультантами в сфері культури, представниками влади та неурядовими організаціями.

Чи відомо тобі?

Ми досягаємо глобальних результатів у цій царині, дотримуючись Цілей сталого розвитку Організації Об'єднаних Націй.

www.ingramcontent.com/pod-product-compliance
Lightning Source LLC
Chambersburg PA
CBHW042340040426
42448CB00019B/3351